Für meine Frau Debora,
meine Kinder Yannik, Miro,
Nina und Sophie sowie alle,
die mich in den vergangenen
60 Jahren Tag für Tag
begleitet haben.

Marcus Pfister wurde in Bern geboren. Nach der Kunstgewerbeschule in Bern und einer anschließenden Grafiker-Ausbildung arbeitete er von 1981 bis 1983 in einer Werbeagentur. 1984 machte er sich selbstständig. »Die müde Eule« war Marcus Pfisters erstes Bilderbuch bei NordSüd und erschien 1986. Der Durchbruch als Bilderbuchautor gelang ihm 1992 mit »Der Regenbogenfisch«. Bis jetzt hat Marcus Pfister über 65 Bücher veröffentlicht. Sie wurden in rund 60 Sprachen übersetzt und international mehrfach ausgezeichnet. Der Autor und Illustrator lebt mit seiner Frau Debora und seinen Kindern in Bern.

© 2021 NordSüd Verlag AG, Franklinstrasse 23, CH-8050 Zürich.
Alle Rechte, auch die der Bearbeitung oder auszugsweisen Vervielfältigung, gleich durch welche Medien, vorbehalten.

Lektorat: Andrea Naasan
Gestaltung: Fabienne Heeb
Lithografie: Photolitho AG, Gossau Zürich
Druck und Bindung: Livonia Print, Riga, Lettland
ISBN 978-3-314-10575-3
2. Auflage 2022
www.nord-sued.com

Bei Fragen, Wünschen oder Anregungen schreiben Sie bitte an:
info@nord-sued.com

Der NordSüd Verlag wird vom Bundesamt für Kultur mit einem Strukturbeitrag für die Jahre 2021–2024 unterstützt.

Dieses Buch wurde auf zertifiziertes FSC-Papier aus verantwortungsvollen Quellen gedruckt.

Marcus Pfister

Franz-Ferdinand will tanzen

Nord
Süd

Franz-Ferdinand, das Walross, lag auf seinem Felsen. Er war ein richtig dickes, fettes Walross und bereits 42 Jahre alt. Seine beiden Hauer, die Stoßzähne, waren über einen Meter lang. Franz-Ferdinand wog stolze eintausendzweihundert Kilogramm und spürte eine tiefe Abneigung gegen jegliche Bewegung. Dieser Widerwille gegen jede Art von Anstrengung hatte seinen Körper immer massiger werden lassen.

Auch sein Name gab zu reden. Man kann ihn ja heute auf keiner Namens-Bestenliste mehr finden. Doch seine Mutter hatte ihn damals vor zweiundvierzig Jahren nach bestem Wissen und Gewissen ausgesucht.

Des Weiteren war die Tatsache, dass Franz-Ferdinand auf seinem eigenen Felsen lag, alles andere als selbstverständlich. Ein Walross muss sich seinen Felsen im Laufe der Jahre buchstäblich erkämpfen. Dazu hatte Franz-Ferdinand in seinem langen Leben reichlich Zeit gehabt. Die gewaltigen Stoßzähne hatten ihm dabei viele gute Dienste erwiesen und seinen Gegnern so manche Schramme zugefügt.

Am liebsten schaute Franz-Ferdinand den ganzen Tag den Flamingos beim Balletttanzen zu. Sie waren in jeder Hinsicht das Gegenteil von ihm. Vielleicht zogen sie ihn deshalb so in den Bann. Nun mag sich manch einer fragen, was Flamingos an der Ostküste Grönlands (dort lebte das Walross nämlich) zu suchen haben. Aber das ist gar nicht so merkwürdig, wenn man bedenkt, dass der Klimawandel Gletscher ab-schmelzen lässt. Also, die Flamingos waren dort und Punkt. Vielleicht war es ihnen in Afrika ganz einfach zu heiß geworden, oder auf Sardinien hatte es wieder einmal geschneit und sie hatten sich gesagt, bei diesem Sauwetter können wir ja auch gleich nach Grönland fliegen.

Auch die Frage, warum die Flamingos in Grönland ausgerechnet Ballett tanzten, ist durchaus berechtigt. Es handelte sich nämlich nicht um eine x-beliebige Flamingo-Ballettgruppe. Nein, es war eine der weltweit angesehensten Flamingo-Ballettschulen unter der Leitung der bereits etwas in die Jahre gekommenen Madame Flamängo. Sie führte die Gruppe mit starkem Flügel und hatte einen ganz neuen Tanzstil geprägt. Das war nicht ganz freiwillig passiert. Wenn die Flamingos nämlich länger als zwei Sekunden an ein und derselben Stelle verharrten, klebten ihre Füße am eisigen Boden fest. Dieser Umstand gab ihrem Ballettstil etwas ganz Eigenes, Einzigartiges.

Franz-Ferdinand liebte es zu sehen, wie sich diese grazilen Geschöpfe federleicht übers Eis bewegten. Es war seit Langem das erste Mal, dass er Bewegung für etwas faszinierend Schönes hielt. Nun hatte er zwar schon ein gewisses Alter erreicht, aber um etwas Neues zu lernen, war man ja bekanntlich nie zu alt. »Waow, das möchte ich auch versuchen«, dachte Franz-Ferdinand. Er studierte die Ballettgruppe und begann, heimlich zu üben. Zum Glück lag sein Felsen blickgeschützt, ein bisschen abseits von der Walross-Kolonie. Er hätte sich in Grund und Boden geschämt, wenn ihn seine Walross-Freunde beim Balletttanzen gesehen hätten. Anfangs ärgerte er sich über seine eingeschränkte Beweglichkeit, doch er arbeitete mit eiserner Disziplin an seinen Schwächen und machte jeden Tag Fortschritte. Nach drei Wochen harter Arbeit fühlte er sich fit und vorbereitet genug, um sein Vorhaben in die Tat umzusetzen. Franz-Ferdinand machte sich auf zu Madame Flamängo und ihrer Ballettgruppe, um sie darum zu bitten, in ihre Schule eintreten zu dürfen. So schleppte er sich über den Felsen, nahm seinen ganzen Mut zusammen und sprach bei Madame Flamängo vor.

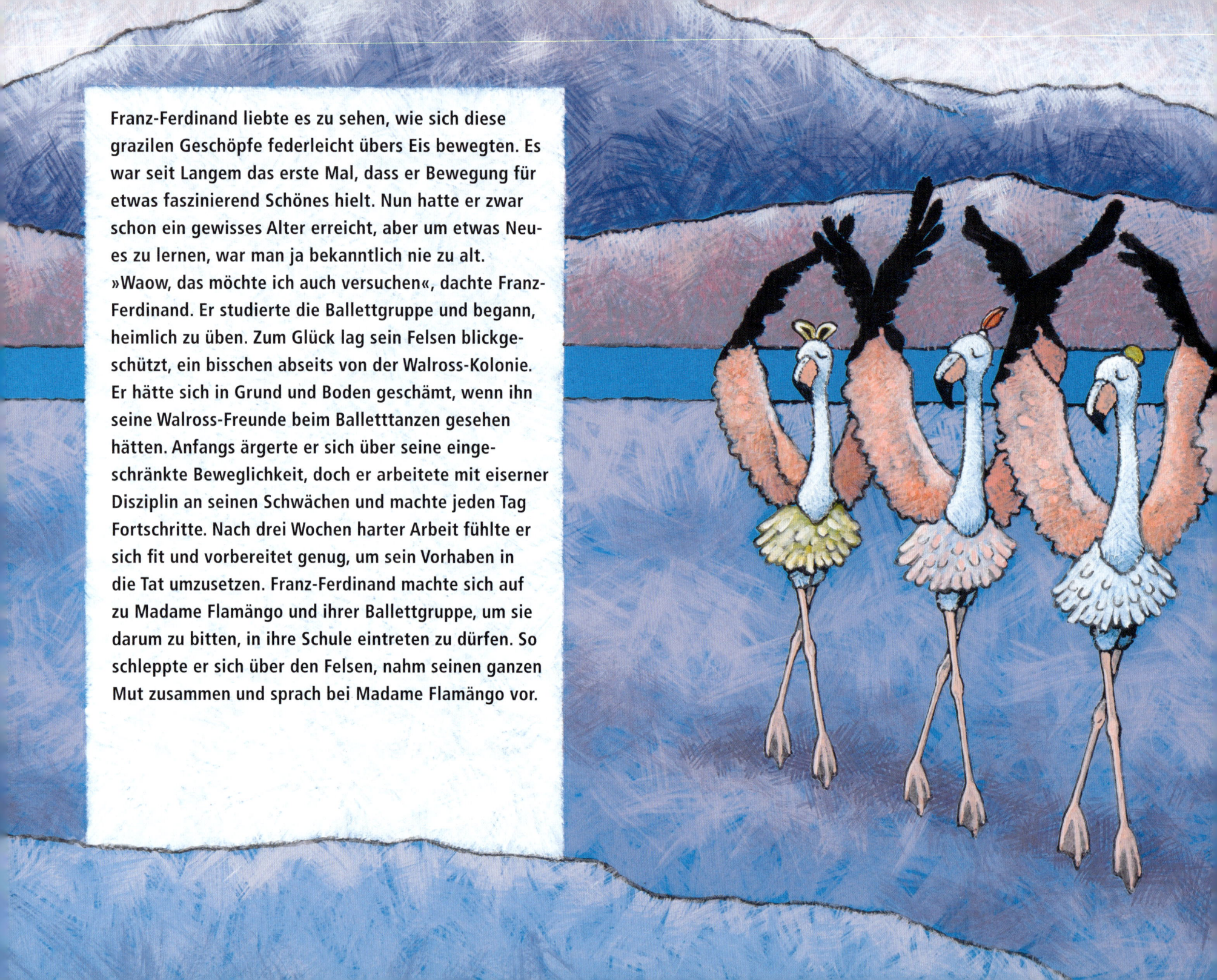

Madame Flamängo begrüßte ihn mit einer gewissen Zurückhaltung. Die Ballettgruppe genoss gerade eine kurze Pause, und die Madame ließ sich dazu herab, Franz-Ferdinands Anliegen anzuhören. Doch je länger sie ihm zuhörte, umso größer wurden ihre Augen und sie vergaß für einen Moment, ihren Schnabel zu schließen.

»Meine sehr verehrteste Madame. Ich bin ein großer Bewunderer Ihrer Kunst. Es ist mir durchaus bewusst, dass Sie meine körperlichen Voraussetzungen für den Ballett-Tanz eher kritisch betrachten müssen. Nichtsdestotrotz würde ich gerne Ihrer Ballettschule beitreten.«

Madame Flamängo versuchte, Haltung zu bewahren ob der absurden Bitte des Walrosses. Sie bewunderte aber den Mut und das Selbstbewusstsein der Riesenrobbe und konnte nur schwer abschätzen, wie eine Ablehnung von diesem Koloss aufgenommen werden würde. Er hätte sie ja mit seiner schieren Körpermasse erdrücken können! Außerdem war sie beeindruckt von der kultivierten Rede des Walrosses. So erklärte sie sich dazu bereit, Franz-Ferdinand eine Schnupperstunde zu gewähren. Da dieser jedoch keine Lust hatte, sich den ganzen Weg zurückzuschleppen, wurde die Schnupperstunde auf jetzt sofort angesetzt.

Madame Flamängo wand sich zwar erst noch, beugte sich aber schlussendlich den erdrückenden Argumenten des Walrosses.

»Einverstanden«, meinte Madame Flamängo nach kurzem Zögern. »Sie dürfen eine Probelektion mitmachen. Aber nackt können Sie unmöglich bei uns mittanzen!« Das sah Franz-Ferdinand natürlich ein und begann, sich nach einem passenden Kleidungsstück umzusehen. Die rosafarbenen Federkleider der Flamingos sahen wirklich sehr elegant und weiblich aus – zu weiblich für einen ausgewachsenen Walross-Bullen. Nein, ein rosafarbenes Tutu anzuziehen, konnte niemand von ihm verlangen. Eine einfache Badehose musste genügen. Aber wo soll ein Walross an der Ostküste Grönlands eine Badehose herkriegen? Nun, die Flamingos hatten ihre Tutus standesgemäß aus Paris mitgebracht. Das wäre Franz-Ferdinand, bei aller Liebe zum Ballett, dann doch etwas zu weit gewesen. Er schwamm daher mal kurz zum nächsten Plastikmüllteppich aufs Meer raus und schaute sich ein bisschen um.

Wahnsinn, was man da alles finden konnte: Plastikflaschen und -tüten, Autoreifen und Gummischläuche,
Kaffeebecher und Trinkröhrchen, alle Arten von Plastik-
verpackungen und -beuteln, Abfall so weit das Auge
reichte – einfach ekelhaft! Wer hatte bloß all diesen
Müll ins Meer gekippt? Eine Badehose ließ sich allerdings nicht finden, also musste sich Franz-Ferdinand
etwas anderes einfallen lassen. Er krallte sich kurzer-
hand ein paar Plastikflaschen sowie anderen Plastik-
müll und zog die Teile auf eine Plastikschnur, welche er
sich um den Bauch binden wollte. Endlich war sein Tutu
fertig, und nach einigen Versuchen gelang es Franz-
Ferdinand auch, sich dieses im Wasser umzubinden.

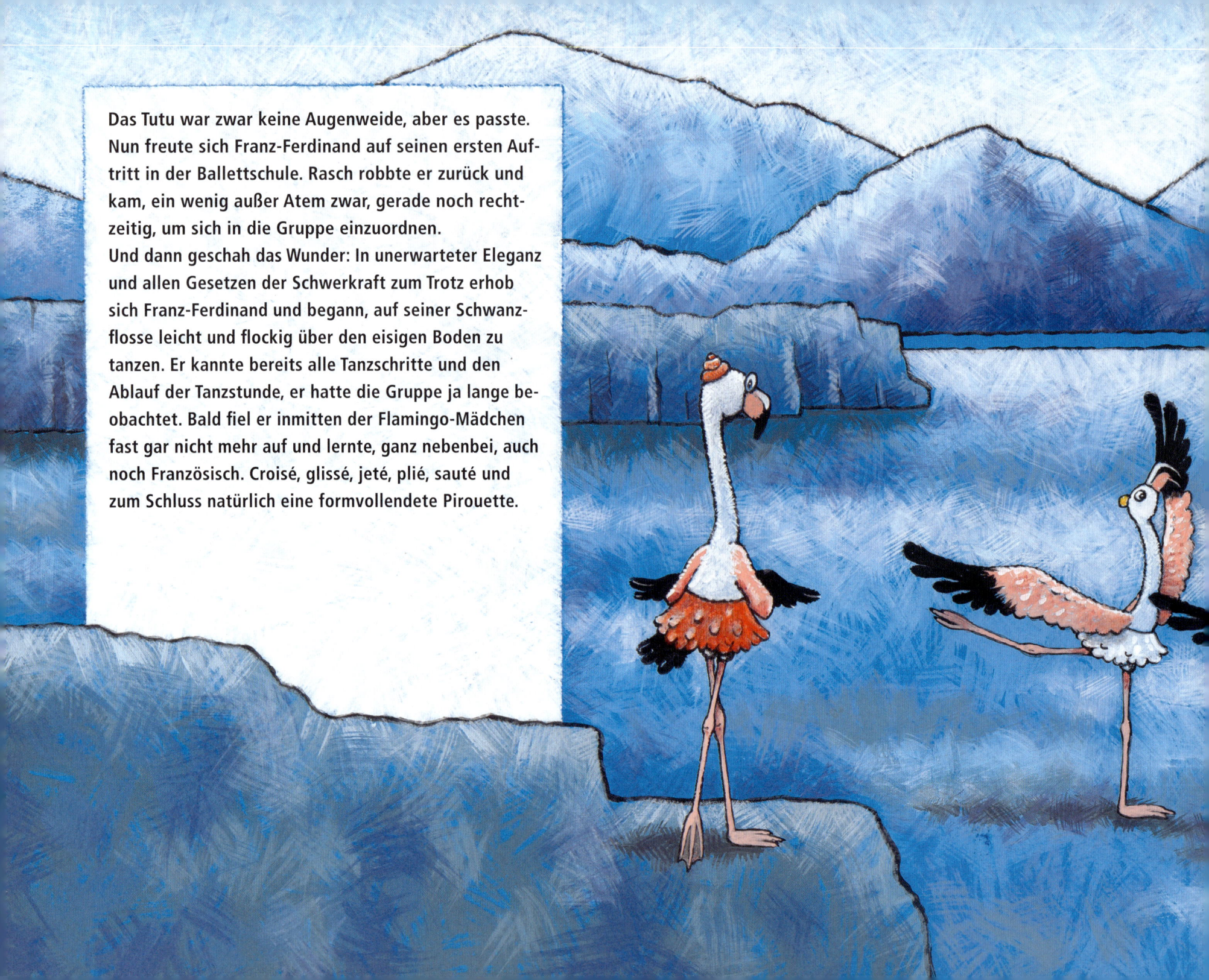

Das Tutu war zwar keine Augenweide, aber es passte.
Nun freute sich Franz-Ferdinand auf seinen ersten Auf-
tritt in der Ballettschule. Rasch robbte er zurück und
kam, ein wenig außer Atem zwar, gerade noch recht-
zeitig, um sich in die Gruppe einzuordnen.
Und dann geschah das Wunder: In unerwarteter Eleganz
und allen Gesetzen der Schwerkraft zum Trotz erhob
sich Franz-Ferdinand und begann, auf seiner Schwanz-
flosse leicht und flockig über den eisigen Boden zu
tanzen. Er kannte bereits alle Tanzschritte und den
Ablauf der Tanzstunde, er hatte die Gruppe ja lange be-
obachtet. Bald fiel er inmitten der Flamingo-Mädchen
fast gar nicht mehr auf und lernte, ganz nebenbei, auch
noch Französisch. Croisé, glissé, jeté, plié, sauté und
zum Schluss natürlich eine formvollendete Pirouette.

Madame Flamängo war hin und weg, sie war entzückt von diesem Naturtalent und begann, ganz aufgeregt mit den Flügeln zu schlagen. Und als dann Franz-Ferdinand auf sie zutänzelte und einen galanten Handkuss auf ihren Flügel andeutete (Franz-Ferdinand wusste, dass seine Lippen den Flügel von Madame Flamängo nicht berühren durften, allerdings ließ sich ein leichter Federkontakt mit seinen überlangen Barthaaren nicht verhindern), war es endgültig um sie geschehen: Sie errötete und verliebte sich unsterblich in ihren neuen Wunderschüler.

Madame Flamängo hieß Franz-Ferdinand in der Ballettgruppe willkommen. Allerdings waren nicht alle mit
dieser Entscheidung einverstanden. Einige der Flamingo-Mädchen fürchteten sich vor dem Koloss, und viele
von ihnen wurden von ihren Eltern zur Ballettstunde
begleitet. Dass ein Walross diese Ballettschule besuch-
te, passte ihnen überhaupt nicht. Das war doch viel zu
gefährlich! Und dieses Müll-Tutu, ein Graus! Was hatte
ein Walross hier verloren? Die Eltern waren unzufrieden
und begannen, schlecht über die Schule zu sprechen. So
mussten schlussendlich Franz-Ferdinand und Madame
Flamängo die Ballettschule verlassen. Die beiden waren
untröstlich.

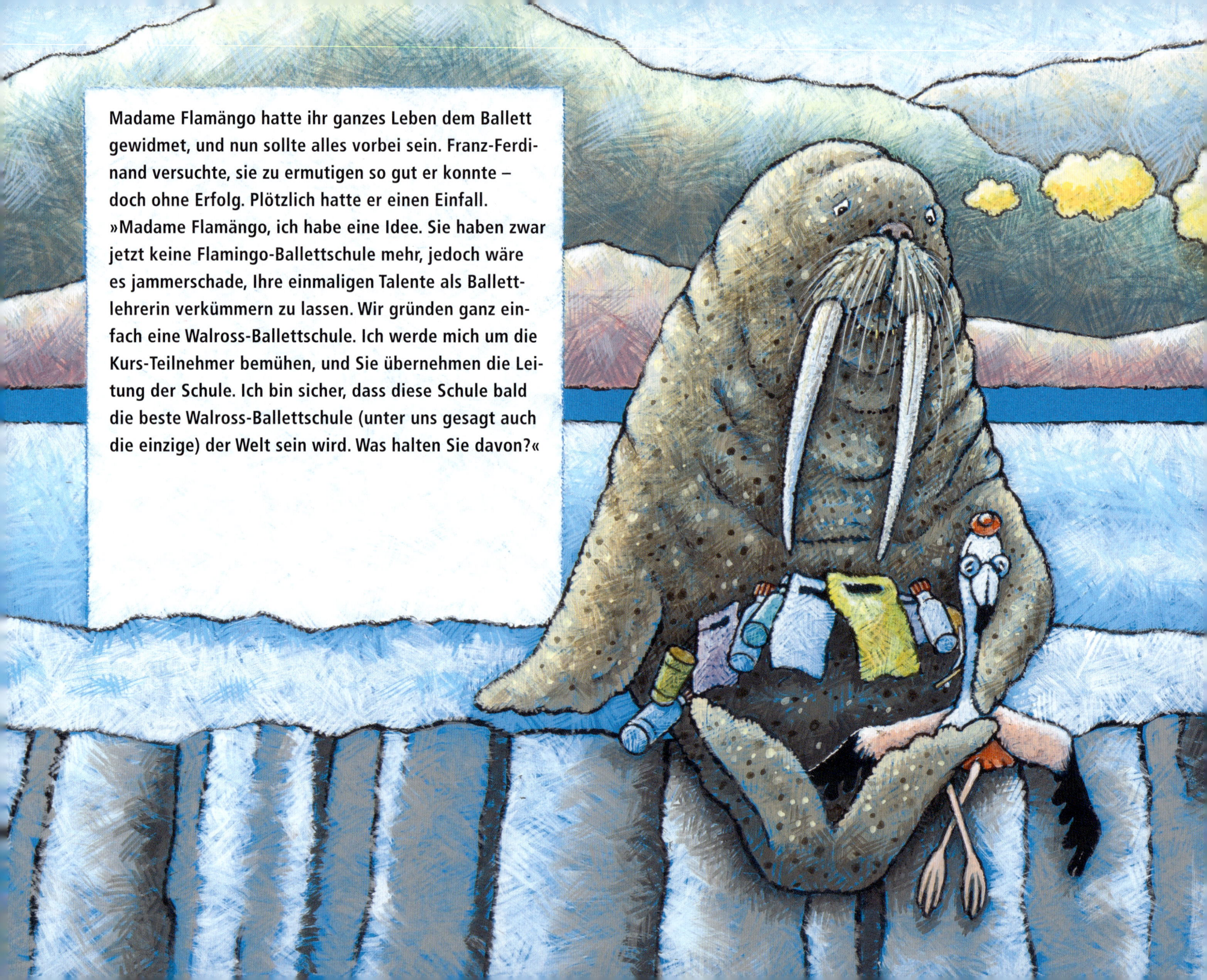

Madame Flamängo hatte ihr ganzes Leben dem Ballett
gewidmet, und nun sollte alles vorbei sein. Franz-Ferdinand versuchte, sie zu ermutigen so gut er konnte –
doch ohne Erfolg. Plötzlich hatte er einen Einfall.
»Madame Flamängo, ich habe eine Idee. Sie haben zwar
jetzt keine Flamingo-Ballettschule mehr, jedoch wäre
es jammerschade, Ihre einmaligen Talente als Ballettlehrerin verkümmern zu lassen. Wir gründen ganz einfach eine Walross-Ballettschule. Ich werde mich um die
Kurs-Teilnehmer bemühen, und Sie übernehmen die Leitung der Schule. Ich bin sicher, dass diese Schule bald
die beste Walross-Ballettschule (unter uns gesagt auch
die einzige) der Welt sein wird. Was halten Sie davon?«

Madame Flamängo überdachte kurz ihre Lage. Eine Wal-ross-Ballettschule war zwar nicht mit einer Flamingo-Ballettschule zu vergleichen, aber angesichts der über-raschenden Talente Franz-Ferdinands klang dies doch vielversprechend.
»Danke, Franz-Ferdinand. Einen Versuch ist es wert. Ich heiße übrigens Amélie.«

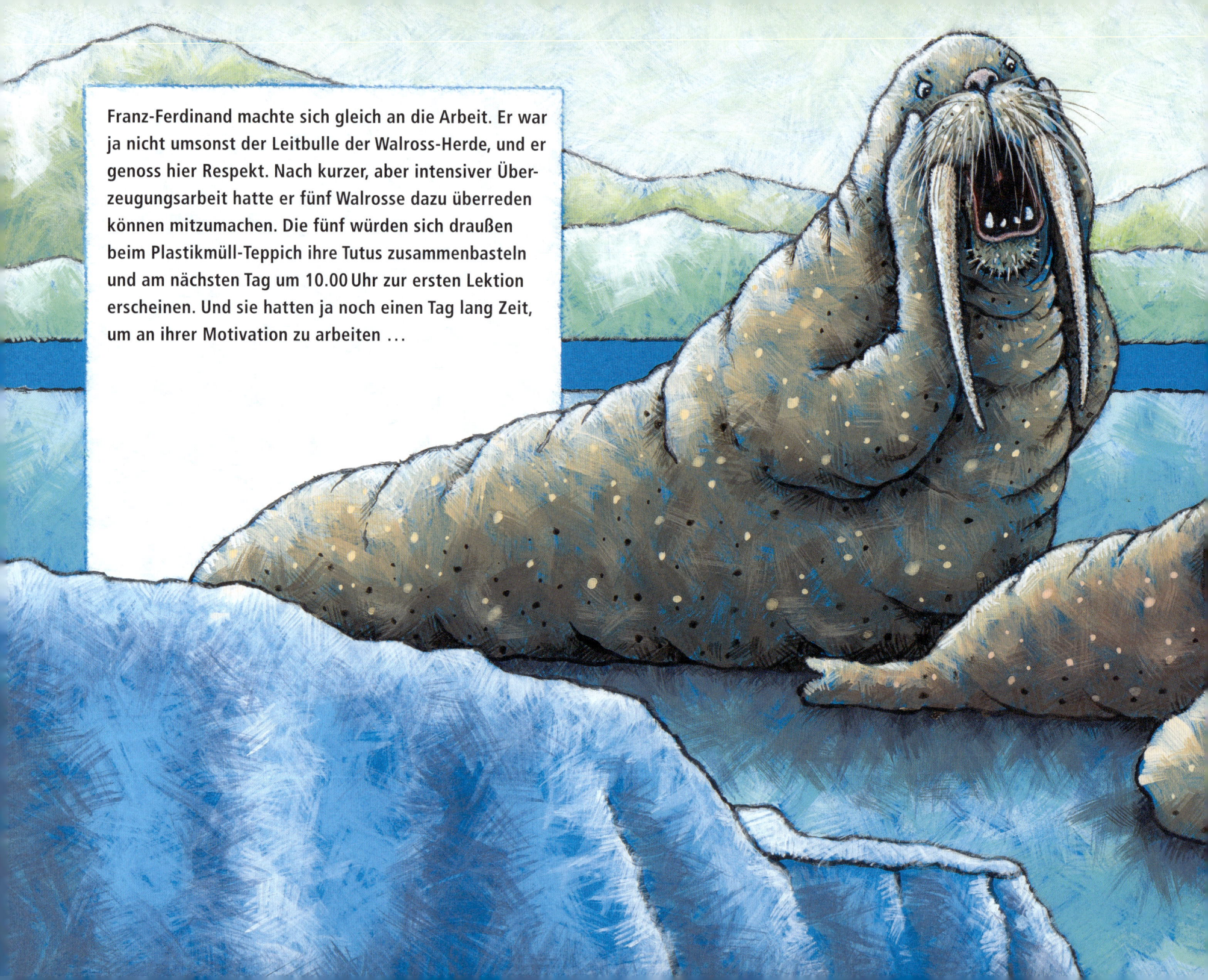

Franz-Ferdinand machte sich gleich an die Arbeit. Er war ja nicht umsonst der Leitbulle der Walross-Herde, und er genoss hier Respekt. Nach kurzer, aber intensiver Überzeugungsarbeit hatte er fünf Walrosse dazu überreden können mitzumachen. Die fünf würden sich draußen beim Plastikmüll-Teppich ihre Tutus zusammenbasteln und am nächsten Tag um 10.00 Uhr zur ersten Lektion erscheinen. Und sie hatten ja noch einen Tag lang Zeit, um an ihrer Motivation zu arbeiten ...

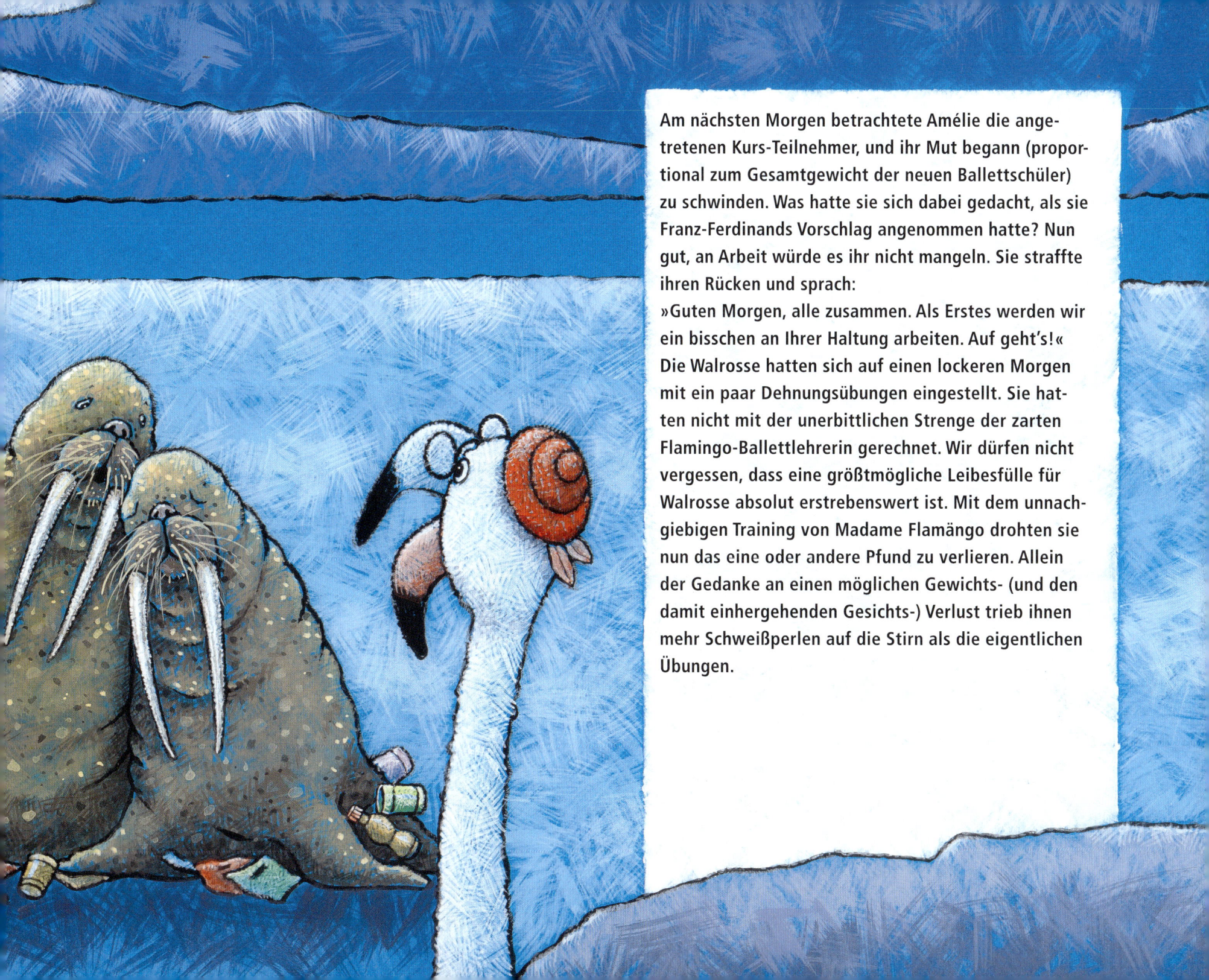

Am nächsten Morgen betrachtete Amélie die ange-
tretenen Kurs-Teilnehmer, und ihr Mut begann (propor-
tional zum Gesamtgewicht der neuen Ballettschüler)
zu schwinden. Was hatte sie sich dabei gedacht, als sie
Franz-Ferdinands Vorschlag angenommen hatte? Nun
gut, an Arbeit würde es ihr nicht mangeln. Sie straffte
ihren Rücken und sprach:
»Guten Morgen, alle zusammen. Als Erstes werden wir
ein bisschen an Ihrer Haltung arbeiten. Auf geht's!«
Die Walrosse hatten sich auf einen lockeren Morgen
mit ein paar Dehnungsübungen eingestellt. Sie hatten nicht mit der unerbittlichen Strenge der zarten
Flamingo-Ballettlehrerin gerechnet. Wir dürfen nicht
vergessen, dass eine größtmögliche Leibesfülle für
Walrosse absolut erstrebenswert ist. Mit dem unnach-
giebigen Training von Madame Flamängo drohten sie
nun das eine oder andere Pfund zu verlieren. Allein
der Gedanke an einen möglichen Gewichts- (und den
damit einhergehenden Gesichts-) Verlust trieb ihnen
mehr Schweißperlen auf die Stirn als die eigentlichen
Übungen.

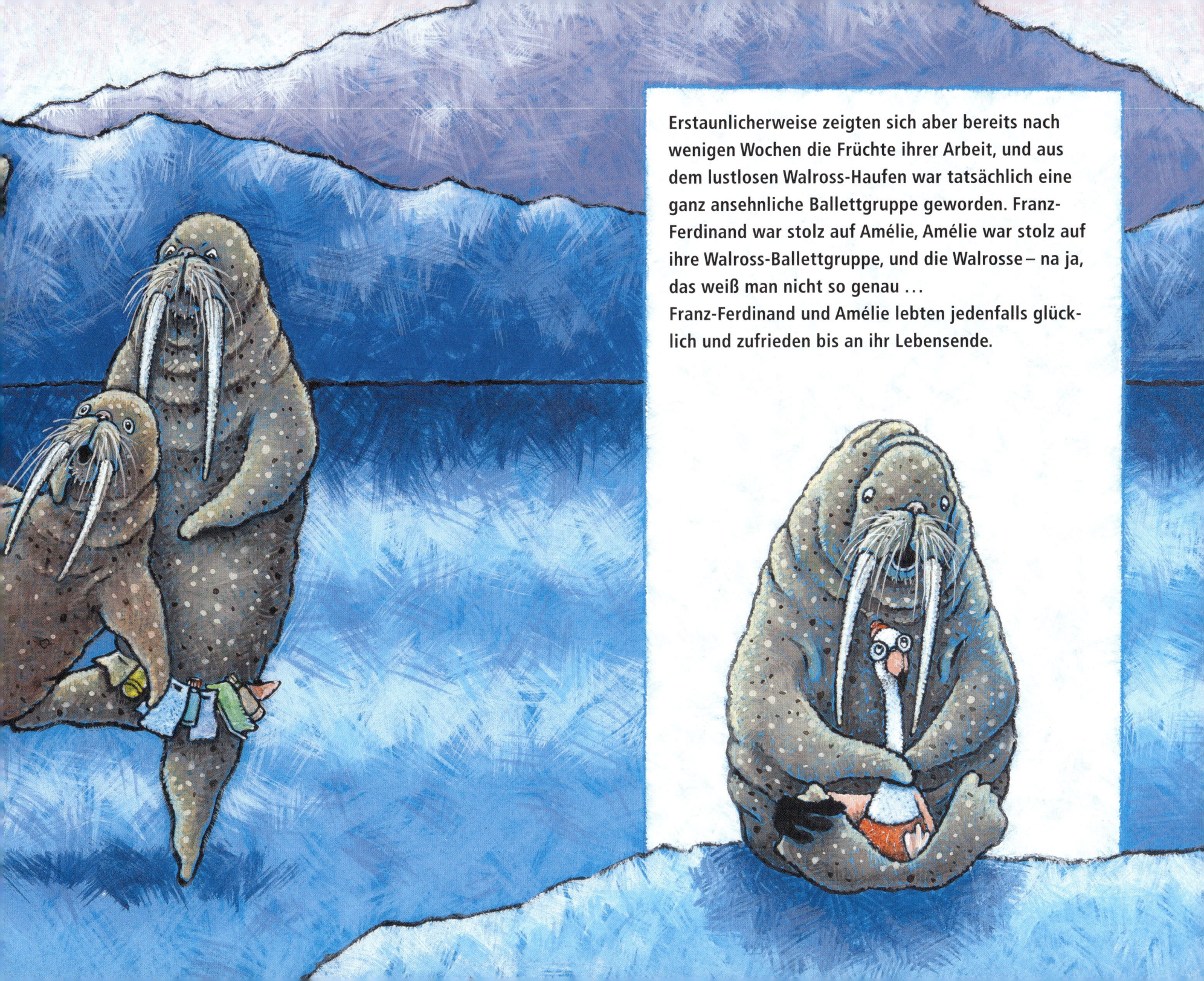

Erstaunlicherweise zeigten sich aber bereits nach wenigen Wochen die Früchte ihrer Arbeit, und aus dem lustlosen Walross-Haufen war tatsächlich eine ganz ansehnliche Ballettgruppe geworden. Franz-Ferdinand war stolz auf Amélie, Amélie war stolz auf ihre Walross-Ballettgruppe, und die Walrosse – na ja, das weiß man nicht so genau …

Franz-Ferdinand und Amélie lebten jedenfalls glücklich und zufrieden bis an ihr Lebensende.

Liebe Leserinnen und Leser,

alle Walross-Ballettkurs-Teilnehmer haben sich nun ihre Tutus aus dem Müllteppich des Ozeans (der Große Pazifische Müllstrudel zum Beispiel ist rund 4,5-mal so groß wie Deutschland!) zusammengebastelt. Sie sind ausgerüstet und zufrieden, auch wenn sie sich ab und zu über die Unerbittlichkeit ihrer Ballettlehrerin beschweren. Es ist also völlig überflüssig, weiteren Müll ins Meer zu kippen und die Ozeane in Abfalldeponien zu verwandeln. Und dass die ganzen Plastikabfälle irgendwann zu Mikroplastik zerfallen und über die Meerestiere auch in unsere Körper gelangen, spricht ja auch nicht gerade für unsere bisherige Strategie. Zum guten Glück sind wir alle lernfähig. Es kann ja nicht sein, dass Walrosse lernen, Ballett zu tanzen, und wir es nicht schaffen, unser Konsumverhalten zu verändern …